COMITÉ DE PROPAGANDE RÉPUBLICAINE DE CAHORS.

DISCOURS

DU CITOYEN

GAMBETTA

REPRÉSENTANT DU PEUPLE

PRONONCÉ A L'ANNIVERSAIRE DE LA DÉFENSE HÉROÏQUE DE
SAINT-QUENTIN, LE 16 NOVEMBRE 1871.
et imprimé par souscription
comme hommage des Démocrates du Lot à leur illustre Compatriote.

M. Gambetta n'est point un chef d'école mais de parti.
Son discours de Saint-Quentin le révèle comme chef de
Gouvernement.
Si la République expérimentée fait place à la Républi-
que proclamée, M. Gambetta sera le premier Président
de cette République.

(l'Émancipation, de Toulouse).

CAHORS
IMPRIMERIE HENRI COMBARIEU, A LA CHARTREUSE.

1871

DISCOURS

DU CITOYEN

GAMBETTA

REPRÉSENTANT DU PEUPLE

PRONONCÉ A L'ANNIVERSAIRE DE LA DÉFENSE HÉROÏQUE DE
SAINT-QUENTIN, LE 16 NOVEMBRE 1871.

MESSIEURS,

Le toast si chaleureux qui vient de m'être porté excite en
mon âme le besoin de répondre à votre honorable président.

On vous a dit tout à l'heure pourquoi on voulait boire à
ma santé ; je remercie bien cordialement mon cher voisin
des paroles de sympathie fraternelle qu'il a prononcées au
sujet des efforts que j'ai faits dans cette effroyable et tra-
gique lutte que nous avons soutenue après la chute de l'empire.

Mais on a certainement exagéré ces efforts. (Non ! non !)

Citoyens, quand un homme libre vient devant des hommes libres, la première chose qu'il doit demander, c'est de
se trouver de plein pied avec ses auditeurs.

Il ne doit y avoir dans ces réunions, qu'il faut multiplier
(Applaudissements.) Si vous m'interrompez, je ne pourrai
pas parler bien longtemps...

... Il faut qu'il y ait dans ces réunions un intérêt dominant, qui est le principe de la République ; or, le principe de la République, c'est une égalité profonde.

En conséquence, je vous demande la permission de modérer l'expression des éloges que m'adressait mon cher voisin ; mais ce que je revendique, parce que c'est pour moi un honneur et ma véritable récompense, ce sont les paroles dans lesquelles il a déclaré que ce que j'avais fait dans le passé était le vrai gage de ce que je ferais dans l'avenir pour l'établissement définitif de la République, non pas une République équivoque, nominale sans institution et sans esprit de réforme, mais de cette République effective, réelle et vivante, la seule digne de nous réunir, de nous embraser tous dans la création et la défense d'un gouvernement fort et durable, protecteur vigilant des intérêts de tous et capable de régénérer les mœurs de la famille française. (Applaudissements prolongés.)

M. Desfossez, membre du conseil municipal, s'exprimant dans un langage ferme et sobre, a porté un toast à la République démocratique.

M. Gambetta, se levant alors, a prononcé le discours suivant :

Vous avez raison, Monsieur, d'associer le retour du patriotisme au retour même de la République, et je désire, avant de nous séparer, et sous le coup des douloureux et héroïques souvenirs de la journée du 8 octobre, tirer des événements qui ont fondu sur nous la leçon qu'ils comportent, afin d'y puiser la résolution qui nous est nécessaire pour nous mettre à l'œuvre de la régénération de la patrie.

En effet, on a pu se demander ce qui serait arrivé si toutes les villes de France avaient suivi l'héroïque exemple de Châteaudun et de Saint-Quentin ; si elles avaient eu, comme ces deux villes désormais sœurs, la volonté de mourir plutôt que de céder.

Les peuples sont comme les individus, à chaque crise qui se produit dans leur existence, ils ne peuvent la traverser qu'avec les forces de réserve qu'ils ont su accumuler, et quand ces réserves manquent, ils tombent malgré leur courage, victimes de leur imprévoyance. Quand nous nous sommes trouvés face à face avec cette invasion germanique que l'on préméditait depuis cinquante ans, quelles étaient les provisions morales et matérielles que nous avions faites? Pendant vingt ans, on nous a vu courbés sous la main d'un seul homme, obéissant à tous ses caprices, à toutes ses volontés, oublieux de notre dignité de citoyens et de notre sécurité de Français.

Eh bien, il faut nous l'avouer à nous-mêmes, au lendemain de l'effroyable chute de Sedan, au lendemain de ces capitulations que vous connaissez, nous n'étions pas dans un état moral, dans un état social et militaire qui permet à un peuple de se lever tout entier.

Et cependant il n'est pas bon, il n'est pas juste de dire, il n'est pas juste de répéter que la France s'est abandonnée elle-même. Non, la France, au contraire, s'est vue en face de cette guerre préméditée depuis cinquante ans, savamment conduite, admirablement préparée par les hommes d'Etat les plus subtils, les plus attentifs et les plus sérieux, et par les militaires les plus expérimentés ; elle s'est vue tout à coup en face d'ennemis qui avaient tout et elle n'avait rien. Elle a résisté pourtant pendant six mois, et sa capitale n'a succombé que par le concours réuni de la famine et de la... Je ne répéterai pas le mot, mais je dirai de la mollesse. (Oui ! Oui ! Explosion d'applaudissements.)

Et, au dehors de Paris, le pays n'a rien négligé ; il a tout donné : son sang, son or, ses ressources matérielles de toute nature. Ce qui a manqué, c'est ce qui manque à tous les peuples qui se sont laissé asservir trop longtemps, c'est la foi en eux-mêmes et une haine suffisante de l'étranger.

Mais toutes ces choses, ces défaites, ces capitulations, ces lamentables résultats, sont les fruits d'une politique dont on n'avait pu mesurer l'effroyable corruption. Pendant vingt ans, un pouvoir indigne s'était attaché à abaisser les âmes, à avilir les consciences et, le jour où il a fallu faire des efforts, l'effort était possible, mais il n'y avait plus ni entente, ni énergie ni efficacité en faveur du pays : on l'avait garrotté trop longtemps. Les conséquences de l'empire étaient toutes fatales, elles étaient inévitables.

C'est à nous à nous pénétrer de cet enseignement. Il faut recommencer, non pas un peuple, non pas notre existence nationale, grâce à Dieu, car, si nous sommes malheureux et châtiés au-delà de toute mesure, la France compte encore dans le monde, avec ses admirables ressources de toute espèce, avec la force ascendante de son peuple, qui a toutes les sèves et toutes les richesses, et qui n'a besoin que d'un peu d'ordre, d'un peu de calme, d'une organisation politique appliquée à ses sentiments pour réparer avec une rapidité prodigieuse les pertes douloureuses qu'elle a essuyées. Avec un tel peuple, il n'y a pas à désespérer ; mais il faut que la France soit constamment penchée sur cette œuvre de régénération. Il lui faut un gouvernement qui soit adapté à ses besoins du moment et surtout à la nécessité qui s'impose à elle, de reprendre son véritable rôle dans le monde. Là-dessus, messieurs, soyons très réservés, ne prononçons jamais une parole téméraire ; cela ne conviendrait pas à notre dignité du vaincu ; car il y a aussi une dignité du vaincu, quand il est tombé victime du sort et non pas de sa propre faute. (Applaudissements prolongés.) Soyons gardiens de cette dignité, et ne parlons jamais de l'étranger, mais que l'on comprenne que nous y pensons toujours... (Nouveaux applaudissements) ; alors vous serez sur le véritable chemin de la revanche, parce que vous serez parvenus à vous gouverner et à vous contenir vous-mêmes.

Que faut-il pour cela ? Quand on a la satisfaction morale d'appartenir au parti républicain démocratique, on ne doit avoir qu'une ambition, c'est de lui gagner des adhérents, c'est de grossir ses rangs, d'augmenter sa puissance, afin qu'il exprime par le suffrage universel et son esprit et sa volonté indiscutables.

Eh bien, le suffrage universel, c'est vous, vous l'avez, il est à votre disposition. Seulement il faut donner de votre conduite, de vos idées, de votre moralité, de votre valeur politique, de votre aptitude aux affaires, une preuve telle devant l'opinion publique, que cette démocratie, que vous avez constituée, impose à tous, par le suffrage universel, sa force et sa puissance. (Applaudissements.)

Voyez, en effet, les progrès accomplis depuis six mois, d'une manière tout à fait réelle et tout à fait pratique ; le parti démocratique, dans toutes ses nuances, est entré dans les conseils locaux à tous les degrés, et a donné dans toutes ces Assemblées l'exemple de la modération sans rien céder sur les principes ; ce qui démontre que, si l'on voulait poursuivre avec entente, avec zèle, cette œuvre de persuasion dont je vous parle, eh bien, les fréquentations démocratiques amèneraient à nous, ceux encore trop nombreux dans les villes comme dans les campagnes, qui nourrissent contre les institutions républicaines des préventions et des préjugés qui leur ont été glissés dans l'esprit, de fausses idées qu'on leur a inculquées et qu'ils répètent sans trop s'en rendre compte. Si vous tous, qui êtes placés dans ce milieu de la démocratie rurale et qui pouvez vous faire à vous-même cette démonstration, que ce n'est jamais en vain qu'on appelle le peuple à discuter sur ses intérêts, vous vouliez vous charger, entre vous et pour vous, de cette propagande nécessaire, vous ne tarderiez pas à en voir les fruits naître sous vos mains, et chaque scrutin vous apporterait une récompense, un encouragement et une victoire. (Vifs applaudissements.) Car, entendez-le bien, ce qui assure aujourd'hui le triomphe du parti démocratique, c'est qu'il a raison ; quand on a ce grand avantage pour soi, il faut parler, il faut agir, ne se laisser déconcerter par aucune intrigue, arrêter par aucun obstacle ; il faut se dévouer patiemment à faire la conquête de l'opinion, se tenir ferme sur les prin-

cipes, être très tolérant sur les personnes, ne donner jamais
son opinion que comme un moyen d'accroissement du bien-
être général, et alors se faire pour soi-même une sorte de
memento dans lequel on inscrit, pour les réclamer, les réformes, les progrès, les institutions que le peuple est en
droit d'attendre de la République démocratique. (Approbation prolongée.)

Messieurs, ne craignez pas que j'oublie l'objet principal
de notre réunion, c'est-à-dire le sacrifice héroïque par lequel vous vous êtes immolés et où vous avez perdu des héros
inconnus, mais des héros. Non, je ne les oublie pas, ces
morts qui vous sont si chers, mais c'est à dessein que je ne
veux plus parler de ce qui pourrait raviver les plaies de la
patrie. J'aime mieux vous inviter à nous recueillir, à nous
replier sur nous mêmes. Il faut que nous examinions nos
questions intérieures et que nous n'ayons d'autre ambition
que celle d'un peuple qui veut vraiment se refaire lui-même.
Car, sachez-le, vous ne serez véritablement en état de vous
faire respecter en Europe que le jour où vous serez puissant
à l'intérieur ; et quand je me demande quelle est la plus
pressante, la plus urgente de toutes les réformes, j'en re-
viens toujours à considérer que rien ne sera fait, que rien
ne sera fructueux, que rien ne pourra pacifier les âmes, rap-
procher les classes, — car malgré la loi, il y a encore des
classes, quoi qu'on en dise, — comme une bonne somme
d'éducation, d'instruction bien distribuée, obligatoire, gra-
tuite, et, permettez-moi le mot, quoi qu'il ne soit pas fort
à la mode, absolument laïque. (Applaudissements).

En effet, si l'on faisait une véritable éducation nationale
si cette éducation était donnée d'une manière véritablement
moderne, véritablement démocratique, on aurait résolu le
problème de l'harmonie dans la société, et assuré le retour
de notre influence au dehors.

Mais ouvrez les livres d'histoire : vous y verrez malheu-
reusement que toujours le dernier progrès accompli, c'est
le progrès de l'éducation publique. Ils comprennent, en effet

ceux qui ont intérêt à exploiter les hommes et à perpétuer leur halte dans la confusion, ils comprennent que toutes les fois qu'on fait un lecteur, on leur fait un ennemi. (Applaudissements.)

Et ce n'est pas, à mon sens, par l'enseignement primaire, — sur l'étendue duquel il faudrait encore s'attendre, — donné gratuitement et reçu obligatoirement, que ce progrès doit s'accomplir : c'est surtout par l'enseignement secondaire, par ce qu'on appelle l'enseignement supérieur, car c'est de l'élévation de ce niveau de la science qu'il faut se préoccuper, si l'on veut que l'éducation fasse un plus grand nombre d'hommes justes, libres et forts.

C'est pourquoi, dans le programme républicain, comme première réforme, j'ai toujours placé l'enseignement du peuple ; mais c'est enseignement a besoin d'être, avant tout, imbu de l'esprit moderne civil, et maintenu conforme aux lois et aux droits de notre société.

Là-dessus je voudrais vous dire toute ma pensée. Eh bien je désire de toute la puissance de mon âme qu'on sépare non-seulement les églises de l'Etat, mais qu'on sépare les écoles de l'Eglise. (Vifs applaudissements.) C'est pour moi une nécessité d'ordre politique, j'ajoute d'ordre social.

D'abord, je repousse complétement l'objection apparente opposée à ceux qui sont partisans de l'enseignement laïque On leur dit : Vous voulez faire des athées, et vous voulez installer dans les écoles un enseignement anti-religieux.

Messieurs, ma conviction est qu'il n'y a rien de plus respectable dans la personne humaine que la liberté de conscience, et je considère que c'est à la fois le plus odieux et le plus impuissant des attentats que d'opprimer les consciences. Non, je ne suis pas hostile à la religion : c'est même pour cela que je demande la séparation de l'Eglise et des écoles. Je suis convaincu que c'est parce qu'un parti dominant dans l'Eglise s'est arrogé le droit presque exclusif de distribuer l'enseignement dans nos écoles, de pétrir et former l'enfant, pour saisir l'homme et le citoyen, pour arriver

à l'État lui-même, que le clergé a cessé d'être un grand
corps religieux pour tomber au rang d'une faction politique
c'est parce qu'on est sorti de l'Église, que l'Église a beaucoup perdu du respect qu'on portait aux ministres des cultes, qu'on les a vus cesser d'être des apôtres pour devenir
les instruments du pouvoir, sous les régimes les plus cor-
rompus et les plus usurpateurs. (Applaudissements.) C'est
ainsi qu'on les a vus eux-mêmes perdre le sentiment de
de leur propre dignité, au point de n'être plus que des
agents passifs entre les mains d'un pouvoir occulte et étranger, s'habituant à ne plus se considérer comme des citoyens
de France, se faisant honneur d'être les serviteurs de la
puissance théocratique qui leur envoie ses dogmes et ses or-
dres. (Profonde sensation.)

C'est donc à la fois rendre le sacerdoce à sa dignité et
l'homme à sa conscience, que de dire aux ministres des
cultes : Sortez de ce milieu de colère et de passion, où vous
n'êtes plus l'Eglise, et où vous n'êtes qu'un parti politique !

Est-ce à dire que le clergé sera destitué de toute influence
sociale ? Est-ce à dire que la religion sera sacrifiée ? Nul-
lement, messieurs; mais chacun restera dans son rôle, chacun sera maintenu dans ses attributions; la morale sera
enseignée laïquement, et la religion sera enseignée dans les
endroits consacrés à la religion, et chaque père de famille
choisira pour son enfant le culte qui lui conviendra, chré-
tien, juif ou protestant; mais renonçons à confier aux divers
clergés l'éducation des enfants, si nous voulons, avant tout,
en faire des citoyens français, si nous voulons en faire des
hommes chez lesquels l'idée de justice et de patrie domine.
A l'église, ils recevront l'enseignement des dogmes et ap-
prendront tout ce qui est du domaine de la foi. A l'école,
on leur enseignera les vérités de la science, dans leur ri-
gueur et leur simplicité majestueuse; et ainsi vous aurez
concilié le respect de la liberté de conscience avec le devoir
qui est imposé à l'Etat, de préparer des citoyens dont l'édu-

cation, dont les principes ne soient pas renfermés dans des dogmes théologiques, mais tiennent à des bases sur lesquelles repose notre société tout entière.

Rappelez-vous qu'il y a déjà sept ans, à la suite de grands efforts de la libre pensée française, le pape a jugé opportun de passer en revue tous les principes modernes d'où découlent nos lois civiles et politiques : la constitution de notre famille, de notre propriété, de notre État, les grandes séries de droits qui font l'indépendance de chacun de nous, la liberté d'examen, la liberté de la presse, le droit de réunion, d'association. Eh bien ! sur chacun de ces droits, le Pape a crié anathème.

Est-il convenable quand le pouvoir religieux s'exprime avec cette franchise, avec cette loyauté, qu'on abandonne l'éducation des générations futures à des hommes qui, par leur conscience, sont engagés à se faire les propagateurs de semblables doctrines ? (Bravo ! bravo !) Si vous leur confiez l'éducation, quand vous aurez à faire appel à l'énergie d'hommes élevés par de tels maîtres, quand vous voudrez mettre en mouvement ce peuple tout entier, quand vous lui parlerez de ses devoirs de citoyen, quand vous voudrez exciter en lui des idées de sacrifice, de dévouement à la patrie, vous vous trouverez en présence d'une espèce humaine amollie, débilitée, résignée à subir toutes les infortunes comme des décrets de la Providence. (Profonde sensation.)

C'est là, Messieurs, le plus grand péril que puisse courir la société de 89, dont nous sommes les héritiers et les représentants. La société de 89 a pour principal objectif de faire dépendre le système politique et social de l'idée de la suprématie de la raison sur la grâce, de l'idée de la supériorité de l'état de citoyen sur l'état d'esclave. Au lieu de la doctrine romaine, qui habitue l'esprit à l'idée d'une Providence mystérieuse qui a seule le secret de ses faveurs et de ses disgrâces; qui enseigne que l'homme n'est dans la main de Dieu qu'un jouet, la Révolution enseigne la souveraineté de la raison, l'autorité et la responsabilité des volontés humaines, la liberté de l'action, et trouve la cause des souffrances, des malheurs de l'humanité, dans l'ignorance ou les fautes des hommes.

Depuis quatre-vingts ans, ces deux systèmes sont en présence; ils se sont partagé les esprits et ont entretenu au cœur même de la société un antagonisme, une guerre acharnée qui explique pourquoi, faute d'unité dans l'enseignement, nous roulons, sans pouvoir jamais nous fixer, de la révolte, à la compression, de l'anarchie à la dictature.

Il faut effacer cette contradiction, dissiper ce trouble des intelligences; et il n'y a qu'un moyen, c'est de se désintéresser dans l'éducation publique d'une façon absolument impartiale de toutes les doctrines, de tous les systèmes, de toutes les sectes, de toutes les communions : c'est de laisser au libre choix ou même au caprice l'enseignement des doctrines religieuses; c'est de réaliser la séparation de ces deux mondes : le monde civil et politique et le monde religieux, pour lequel je conçois d'ailleurs qu'on ait infiniment de respect. Celui pour lequel nous nous sommes faits, pour lequel nous devons tout donner, nos facultés, nos efforts, notre vie, c'est le monde moderne; le monde qui repousse la domination théocratique; le monde qui entend, non pas satisfaire seulement les intérêts matériels, mais les intérêts politiques, c'est-à-dire ne relever que d'une autorité de droit humain; le monde qui a soif de science, de vérité, de libre-arbitre, d'égalité, et qui arrive à la déclaration et à la pratique des devoirs sociaux par l'émancipation et la glorification de la personne humaine considérée dans le plus humble comme dans le plus élevé. (Applaudissements.)

Mais cette réforme dans l'éducation et cette distinction à apporter entre l'enseignement religieux et l'enseignement laïque se relient elles-mêmes à la solution d'un autre problème depuis longtemps posé : la séparation de l'Eglise et de l'Etat.

Je ne trouve pas opportun de vous entretenir des phases

différentes que cette question a parcourues; mais je veux, en passant, appeler votre attention de républicains intelligents et pacifiques sur le côté démocratique de la question du clergé.

Il y avait autrefois dans la vieille monarchie française un grand clergé, fidèle à des traditions d'indépendance religieuses et nationales. L'Eglise de France avait toujours su se tenir au-dessus des prétentions ultramontaines; par là, elle avait imposé le respect au monde entier.

Eh bien ! cette église a disparu, parce que, sous prétexte de lutter contre les principes de la Révolution, mais en réalité par instinct de nomination, le haut clergé s'est, peu à peu d'abord, mais bientôt exclusivement, recruté parmi les représentants de la doctrine romaine toute pure; de sorte qu'aujourd'hui il n'y a réellement plus de clergé français au moins dans ses rangs supérieurs. Toutefois, il reste encore une portion du clergé qui pourrait nous donner une idée de celui de l'ancienne France : c'est le *bas clergé*. Le bas clergé ! On l'a appelé ainsi parce que, comme un esclave entre les mains de ses maîtres, il est tout à fait en bas ; c'est le plus humble, le plus résigné, le plus modeste des clergés. Le bas clergé : « c'est un régiment, — a dit en plein Sénat un hautain cardinal ; — quand je parle, il faut qu'il marche. »

Je n'ai jamais lu sans un mouvement de colère cette impérieuse parole. Oui, je suis acquis à la libre-pensée, je ne mets rien à l'égal de la science humaine, et cependant je ne puis m'empêcher d'être saisi de respect et d'émotion quand je songe à ces hommes dont on parle avec tant de hauteur et qui constituent le bas clergé. Non, je ne suis pas froid pour l'humble desservant, pour cet homme qui, après avoir reçu quelques notions très-courtes, très-incomplètes, très-obscures, rentre au sein de ces robustes et saines populations rurales dont il est sorti. Tenant à la fois du paysan et du prêtre, il vit au milieu d'elles, il voit leurs luttes difficiles et rudes pour l'existence. Sa mission est d'alléger leurs souffrances; il s'y emploie de toute son âme; il les assiste et les console. Dans les dangers et les périls de l'invasion, j'en ai vu se montrer patriotes ardents et dévoués; ils appartiennent à la démocratie, ils y tiennent, et s'ils pouvaient se laisser aller aux confidences, plus d'un se reconnaîtrait démocrate et républicain.

Eh bien, Messieurs, c'est ce clergé des campagnes qu'il faudrait élever, qu'il faudrait affranchir, qu'il faudrait émanciper, dont il faudrait former le clergé tout entier, afin de l'arracher au rôle et à la servitude que désigne ce mot cruel bas clergé. Vous voyez donc bien que, loin d'être les ennemis du clergé, nous ne demandons qu'à le voir *revenir* aux traditions démocratiques de ses aînés de la grande Constituante, et s'associer comme le reste des Français à la vie d'une nation républicaine.

Je le répète, je jette cette idée en passant.

Je reprends, et je dis que l'avenir dépend chez nous du nombre des écoles, de la qualité des maîtres, de la fréquentation obligatoire des écoles, d'un programme étendu et varié de telle sorte qu'au lieu d'une science tronquée, on dispense à l'homme toute la vérité, et que rien de ce qui peut entrer dans l'esprit humain ne lui soit caché. Mais cette tâche réclame beaucoup d'efforts, du travail et de la persévérance : le travail, c'est la loi même de la démocratie, et c'est à substituer le règne du travail au règne de l'oisiveté ruineuse que consiste tout l'effort du parti républicain. Il y a maintenant une politique du travail : c'est l'opposé de l'ancienne politique de la guerre et de la conquête. Ne séparons pas cette politique du travail de l'idée même de la grandeur et de la richesse de la patrie.

Pourquoi désormais le peuple sera-t-il prêt au dernier sacrifice, quand il croira l'heure du sacrifice venue? Ce sera pour sauver les conquêtes du travail, pour ne rien laisser perdre de cette richesse créée à force de labeur et d'épargne, pour ne pas laisser porter atteinte à cette civilisation dont on l'aura rendu capable de goûter tous les fruits, et à laquelle il sera redevable du capital par excellence, qui est le capital intellectuel. (Vive approbation. — Applaudissements.)

Mais son avènement du monde du travail, ce triomphe de l'idée de justice, dans l'accomplissement de devoirs sociaux n'est possible — et c'est pour cela que nous avons foi dans l'idée républicaine — que dans la République, et c'est par ainsi, messieurs, qu'à la question du progrès des masses se rattache la grande solution des problèmes sociaux, insolubles hors cette forme par excellence, où tous les partis peuvent se mesurer et conquérir le pouvoir sans avoir recours les uns contre les autres aux entreprises de la force. (Vifs applaudissements.)

C'est sous ce gouvernement, seul digne de ce nom, où chacun comparaît armé de son bulletin de vote et ayant un droit égal à celui de son voisin, que l'on peut créer des règles durables, fonder des institutions qui n'ont pas besoin d'être violemment détruites, parce qu'elles ne sont pas faites au profit d'une famille ou d'un seul, que tous prennent part au gouvernement et à la souveraineté, que l'ordre véritable découle de la capacité de chacun et de la volonté de tous, et où le pouvoir toujours surveillé et restreint ne tente même plus les ambitions factieuses, sûres d'ailleurs du châtiment.

Cette idée de République pure et simple n'était tombée que dans la tête de gens que l'on considérait comme des rêveurs; mais quand on a vu toutes les monarchies installées depuis cinquante ans s'écrouler les unes sur les autres; oh! alors, il a été nécessaire de penser aux institutions républicaines, non pas d'une manière platonique, mais pour elles-mêmes, pour leur vertu propre.

On a, il est vrai, laissé de côté les hommes qui s'en étaient faits les défenseurs; mais on a abordé la question dans ses profondeurs, et l'on s'est demandé si la République n'était pas, après tout, le régime sous lequel on pouvait à la fois maintenir le plus longtemps la stabilité, et en même temps assurer le développement des droits de tous. Et alors vous avez vu des hommes qui avaient passé leur jeunesse à traiter de pur sophisme l'avènement de la République s'en faire les plus sérieux partisans, devenir ses défenseurs officiels, défenseurs d'autant plus autorisés que leur passé ne les prédisposait pas à jouer un tel rôle. Il faut s'en réjouir; mais il faut les harceler sans cesse, il faut veiller sur eux sans trêve ni repos; il faut reconnaître avec eux que leur conversion peut être sincère, que rien ne nous serait plus profitable que leur acquiescement, et que, par conséquent, nos griefs se réduiraient à ceci : l'achèvement d'une conversion bien justifiée, et l'amélioration de l'Etat républicain.

Nous ne sommes pas, en effet, dans la situation où nous étions autrefois, et notamment à la veille du plébiscite de mai 1870. Nous n'en sommes pas au désespoir ni à l'impatience; notre âme, au contraire, pleine de confiance, pleine d'espoir. Oui, nous avons la conviction qu'après les leçons répétées de la fortune, sauf le sinistre coupe-jarret de Décembre, il n'est pas de prétendant qui puisse tenter par la force une restauration monarchique. (Applaudissements prolongés.)

Non, nous n'avons aucune inquiétude sur la consolidation de la République; mais pour qu'elle ne perde pas la faveur populaire, qu'on ne puisse nous la dérober, il faut qu'elle soit féconde, qu'elle soit agissante, et que ce soit sous son égide qu'on voie s'accomplir le progrès c'est pour cela, messieurs, qu'on nous trouve si ardents contre tout ce qui est un obstacle à l'accomplissement de ce programme que j'ai repris et exposé devant vous; c'est pour cela qu'en face d'une Assemblée qui s'obstine à retarder la constitution de la République, refuse au pays sa capitale, et qui affecte de tenir comme provisoire, comme nominale, la forme de gouvernement qui nous régit, nous sommes portés à critiquer ses actes et à les dénoncer au pays comme une véritable usurpation.

C'est pour cela que nous invitons tous nos amis à se réunir

à nous pour demander, non pas dans un intérêt de parti, mais dans un intérêt exclusivement national, qu'une Assemblée nouvelle, une majorité incontestable et certaine prenne en mains la préparation de toutes ces réformes.

Que peut-on objecter à cette conduite? Que le pays s'est prononcé? Non! non! car le moindre examen de ses votes et de ses scrutins démontre jusqu'à l'évidence que la volonté du pays, c'est de fonder la République. (Applaudissements et acclamations.) Mais en dehors même des scrutins solennels il y a un fait qui s'impose et qui est encore plus significatif, si c'est possible : c'est l'impuissance de l'Assemblée elle-même à rien oser, à rien tenter qui soit contradictoire à ces récents arrêts de la volonté nationale. (Sensation.) Quoi, lorsque, d'une part, la nation a ordonné et que, de l'autre, l'Assemblée a reconnu qu'elle ne peut contredire cette volonté pourrait-on rester plus longtemps, sans commettre un véritable déni de justice envers le pays, sans compromettre ses intérêts matériels et moraux, pourrait-on ajourner encore, se traîner plus longtemps dans le provisoire, refuser de résoudre aucune question et dire obstinément : Nous avons reçu un mandat et des pouvoirs non limités ; toute les manifestations électorales postérieures ne peuvent rien contre ce titre primitif dont nous somme revêtus; la France n'a pas le droit de parler ; nous allons décider de son sort? (Profond mouvement.)

Heureusement que ce langage n'est point officiel ; et qu'il ne sera rien fait, même de la part des plus ardents, pour réaliser de tels défis à la souveraineté nationale. Condamnés à l'impuissance, voués, par la composition même de l'Assemblée, aux luttes stériles des partis, les députés comprendront eux-mêmes qu'il est temps de sortir de ce chaos et de rendre au suffrage universel la libre disposition de lui-même. (Applaudissements.)

Et d'ailleurs, messieurs, ce sacrifice est-il donc si pénible, et est-ce, en vérité, exiger par trop de la nature humaine que de réclamer un acte de sagesse et véritablement politique. Examinons la question.

Au mois de mai 1870, au moment où, sous la pression des agents de tout ordre et à l'aide de toutes manœuvres, l'empire surprenait la confiance de la France, la trompant à l'aide d'une question captieuse, obtenait six millions de suffrages; six millions de suffrages qui demandaient la paix et à qui on a donné la guerre ; six millions qui disaient stabilité, et qu'on à voués à la ruine ; six millions qui disaient ordre, et sur lesquels on a déchaîné une effroyable tempête ; six millions qui voulaient dire sollicitude de l'intérêt national, et auquel on répondait par un défi insensé et criminel, car le despote avait l'espérance coupable de trouver dans les hasards de la guerre un rajeunissement de forces qui permît encore une fois d'étouffer le pays. C'était encore la tradition de Bonaparte signant l'acte additionnel et disant : « Nous verrons après la victoire. »

Vous savez ce qu'il nous en a coûté ; seulement il est peut-être utile de tirer du plébiscite lui-même et des événements qui l'ont suivi, un nouvel enseignement.

Au lendemain de cette catastrophe de Sedan, comme toujours depuis près d'un siècle dans ce pays, la France étant à deux doigts de sa perte, la République a surgi; elle est sortie de la conscience populaire et des nécessités du salut national ; elle hérite d'un passé et d'une succession que rien ne peut liquider, et ses adversaires la voudraient rendre responsable des désastres amenés par la monarchie.

Cette perfidie ne trompera pas le pays.

Pour la troisième fois, et par les mêmes mains, l'existence nationale était menacée, et, aujourd'hui, j'ose dire qu'à l'heure où la République ramassait le pouvoir au milieu de l'épuisement de toutes nos ressources, elle seule pouvait vaincre ; mais trahie par la fortune et les hommes, elle a sauvé le bien le plus précieux des nations : l'honneur. (Applaudissements.)

Eh bien, cette République que le suffrage universel paraît de plus en plus disposé à consolider, est au-dessus des discussions et des attaques ; et je me demande en définitive, d'où provient un si grand résultat. Il n'est pas dû seulement à l'activité et à la sagesse du parti républicain ; il vient de plus loin, et si vous le voulez, nous allons décomposer l'ensemble de ces six millions de suffrages qui se sont rencontrés dans l'urne plébiscitaire.

J'admettrais que, en dehors des excitations, des manœuvres, des pratiques de toute sorte auxquelles se livraient les agents de l'empire, il y ait eu une certaine fraction de voix acquises, coûte que coûte, au gouvernement impérial ; mais le reste, on peut le décomposer en deux parts, dont la plus considérable — au moins quatre millions — représentait, sous l'empire même, ce qu'on appelait la démocratie césarienne, qui voulait l'installer dans le pays, et qui croyait à ses progrès, à son organisation par la main d'un maître, au dedans et même au dehors.

Erreur fondamentale qui a coûté à la France l'avilissement de ses mœurs et ses deux plus belles et plus fières provinces. Oui, ces électeurs confiants et trompés demandaient le dévoppement des principes de 89, inscrits au frontispice de la Constitution. L'empire, lui les réclamait pour les exploiter, pour séduire les masses, gagner les ouvriers et gagner les paysans ! Mais il les réclamait néanmoins.

Je dis et je répète que parmi ces voix plébiscitaires, ils étaient nombreux les esprits honnêtes, loyaux, qui ont été abusés, car ils voulaient la suprématie des principes de 89 dans la société démocratique ; ils voulaient l'égalité devant la loi ; ils voulaient l'instruction assurée, l'impôt du sang obligatoire, la diminution des priviléges du clergé, et la répartition équitable des charges publiques : c'étaient des gens trompés qui croyaient à la suite de la Révolution, et qui croyaient possible l'alliance adultère de l'empire et de la démocratie. Par conséquent, nous avons le droit de les revendiquer. Instruits par le malheur, débarrassés des suggestions napoléoniennes, ils sont de droit, de sentiments acquis à la cause de la République et de la démocratie. Oui,

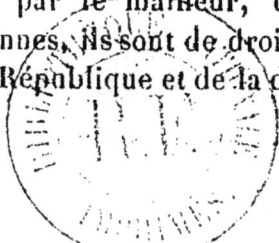

2

j'ai cette conviction qu'à part la bande dorée des parasites qui depuis vingt ans avait mis la France en coupe réglée, à part ces conducteurs de la mascarade impériale (Rires), le suffrage universel, dans ses masses, s'est laissé tromper.

Ainsi donc, soyons avec eux d'une parfaite tolérance pour le passé ; ne récriminons pas ; qu'ils entrent dans nos rangs, et poursuivons ensemble la réalisation d'idées qui n'ont couru de périls que par leur égarement, aujourd'hui dissipé.

Et à côté de cette force immense que le parti républicain a le droit de revendiquer et de mettre en œuvre, il ne reste guère qu'un parti dont les prétentions sont connues, ce sont les hommes du passé. Leur rôle est de représenter l'ancien régime ; mais le démembrement de ce parti est un fait accompli. Il reste à ses représentants à se pénétrer des aspirations contemporaines, à renoncer à un idéal usé et disparu à jamais. Nous n'oublierons pas, pour notre part, les glorieuses pages que leurs aïeux ont écrites dans l'histoire de France, et cela même les invite à s'adapter, à l'heure qu'il est, aux intérêts de la France moderne. Poursuivre plus longtemps, quatre-vingts ans après 89, le retour d'un régime qui a disparu sous les forces réunies de la société française, c'est se vouer à l'impuissance et à l'isolement sans espoir.

Ils n'ont qu'un seul parti à prendre, c'est de considérer que le pouvoir républicain est le plus libéral de tous les pouvoirs ; que leurs aptitudes, leurs talents, leur éducation, doivent leur y faire jouer un rôle important, et qu'ils y seront comme la parure de l'État.

Quand à ceux qui se disent conservateurs-libéraux, ceux-là n'ont pas d'idéal ni en avant ni en arrière. Ils ont des principes, ce sont de pures maximes ; ils ne pratiquent pas; ils n'ont, à vrai dire, aucune préférence de cœur : le cœur ne tient pas grande place dans leur politique. (Applaudissements.) Ils ont des intérêts, ils les défendent ; je ne trouve pas cela mauvais quand les intérêts sont légitimes et respectables.

Je suis très disposé à classer en deux parts les hommes
de ce parti : ceux qui sont d'une parfaite indifférence pour
tout ce qui n'est pas leur bilan, et qui, pendant vingt ans,
ont donné des blanc-seing à ce fameux sauveur qui répondait de l'ordre, naïfs et sceptiques tout ensemble, qui sont
tout surpris à l'expiration de ce bail, de se trouver plus me-
nacés, un peu moins riches et plus troublés qu'auparavant.
(Hilarité et approbation.)

Tout cela, pour n'avoir pas pris eux-mêmes la protection
de leurs intérêts, et pour s'obstiner à ne concevoir la société
que comme une association en commandite où le gérant se
charge de fournir les soldats, les prêtres et les gendarmes.
(On rit.)

Ce sont là des institutions utiles, messieurs, nécessaires,
mais qui ne sauraient remplacer la force morale, seul fon-
dement de l'autorité ; et vous en avez un triste et récent
exemple.

Il y a aussi parmi eux de véritables et sages conservateurs ; ce sont d'utiles contradicteurs. Dans le système démocratique, il faut deux partis se combattant en plein jour
et luttant pour le pouvoir sans violence, avec les armes de
la raison et de la science. Il faut un parti des réformes, le
parti novateur ; un parti plus particulièrement préoccupé
des progrès et des améliorations, qui prend la tête de la
société, qui a l'impatience de la justice, mais qui pourrait
se jeter hors de l'orbite, s'il n'était retenu et même retardé
dans sa marche par un second parti non moins nécessaire
qui lui sert de frein. Il faut donc un parti plus calme,
plus timide, toujours résistant, mais qui sache céder à la
voix de l'opinion et accomplir les réformes qui sont mûres.
C'est dans l'équilibre de ces deux factions politiques, sous
la protection des lois et la garantie des droits que je place
véritablement le fonctionnement du gouvernement républicain et la condition de l'ordre.

Mais, du moment que l'on veut opprimer l'autre par la
force, c'est la guerre sociale organisée, et vous n'êtes plus
des conservateurs.

Ainsi donc, nous pouvons nous séparer en affirmant que la France s'est définitivement ralliée à la République, et qu'avant peu il faudra bien que tous les partis se renouvellent ; les plébiscitaires désabusés, les conservateurs instruits par l'expérience, comprendront tous les jours mieux les garanties d'ordre et de liberté qu'offre seul le gouvernement républicain. Il nous sera peut-être donné, et je tiens à exprimer cette espérance dans le deuil même qui nous a réunis, d'assister, avec le concours de tous les citoyens, à la fondation du grand parti républicain national, qui n'a d'autre ambition que de rétablir la prospérité du pays, de sceller l'union de tous les Français par la reconnaissance et l'harmonie de tous les droits. Alors la nation, ramassant toutes ses forces, unie et libre, pourra se tourner vers l'Europe, se faire rendre ce qui lui appartient et la place qui lui est due.

(Ce discours est suivi des plus vives acclamations et des cris : Vive la République ! Vive Gambetta !)